A historinha que deu início ao Espiritismo

Crianças médiuns

Luis Hu Rivas

Este livro pertence a:

Era uma vez uma família muito unida que viveu há muito tempo nos Estados Unidos: a família Fox. A qual era composta pelo senhor Fox, a senhora Fox junto com as suas filhas, as meninas Margareth e a pequena Kate Fox. Eles mudaram-se de cidade, compraram uma casa antiga, que aparentava ser "mal assombrada".

Hydesville

O novo lar da família Fox ficava numa cidade estranha, chamada Hydesville.
– Ui !!! Já o nome da cidade causa medo. – pensaram as meninas confusas.
– Será que é uma casa "mal-assombrada"? – perguntava-se a menina Margareth.
– Será que tem "fantasmas"? – indagou a irmãzinha Kate.

Você está com coragem de seguir a historinha? Sim? Então, vamos continuar...

Ao entrar, os adultos pensaram que a velha casa tinha um "charme". As meninas, por sua vez, pensaram que a casa devia ter "fantasmas". A família Fox não suspeitava, mas a residência poderia ter algo diferente.

Embora a casa fosse antiga, ali tinham morado antes algumas pessoas. – Deve ser segura! – pensou a senhora Fox. Vejam bem, parece que a casa estava habitada por alguém mais.

Será que vai acontecer alguma coisa estranha com os Fox?

A casa era toda feita de madeira, então era comum ouvir alguns barulhos do vento, de pássaros, de ratinhos ou até de algum gato no telhado.
Todos os dias, as meninas brincavam, mas um dia aconteceu algo diferente.
Ao entardecer, as irmãs ouviram golpes estranhos.

— O que serão essas batidas? Será o gato do vizinho que subiu? — Kate, a irmã caçula se perguntou.

Mas como o ruído continuava, Margareth apontando o lugar de onde vinham os barulhos, disse:
— Talvez seja um passarinho que esteja querendo fazer seu ninho.

As meninas não deram importância e continuaram brincando, até que outras batidas em som alto e forte surgiram. Ouvia-se: toc, toc!, plafff, plifff! em toda a casa e, nesse momento, elas ficaram com medo.
– Será que subiu um urso? – perguntou a pequena Kate.

– É claro que não! – respondeu Margareth, a irmã mais velha.
– Vamos avisar o papai, pode ser um ladrão!

Ao entrar no quarto dos pais, as irmãzinhas contaram os barulhos que estavam ouvindo. Então o senhor Fox decidiu sair da casa e conferir se tinha algum bicho lá fora ou um ladrão.

Como ele também ficou com medo, saiu com um bastão. Mas ao dar volta em toda a casa, viu que não tinha ninguém. Observou em cima do telhado e retornou mais tranquilo.

– Ainda bem que não é um ladrão! Afinal, os "fantasmas" não existem. – falou o senhor Fox aliviado. – Será que foi imaginação das meninas? – pensou.

Ao voltar ao quarto, o senhor Fox contou que não tinha ninguém lá fora. Mas logo, logo a família ouviu novas pancadas e mais fortes. Só que elas tinham um som diferente, não eram como as pisadas de algum bicho, e sim como se alguma pessoa batesse diretamente na parede de madeira. Desta vez o senhor Fox ficou assustado.

Para tirar a dúvida, Margareth, a irmã mais velha, perguntou:
– Tem alguém aí? – E ouviu-se um golpe: percebendo um SIM como resposta.

O Espírito que se comunicava apareceu e revelou para toda a família, que não era um "fantasma", como as meninas imaginaram. Ele foi um bom homem e o seu nome era Charles.

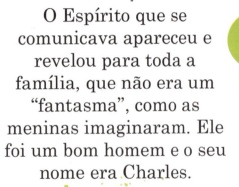

Na verdade, tratava-se de um vendedor de joias, que foi cobrar o dinheiro das prendas que tinha vendido ao antigo dono da casa. Mas ele, além de não pagar, matou o comerciante.

– Pobre Espiritozinho. – disse a pequena Kate.
– Deve ter sofrido muito! – pensou a menina Margareth.

O Espírito Charles contou que colocaram o seu corpo numa parede falsa, dentro da propriedade. E ali ele ficou triste por muito tempo.

— Eu sofri muito. – disse o Espírito Charles. – Estava muito triste sem poder falar com ninguém.
— Não fique mais triste Charles, agora tem novos amigos! – responderam as nobres irmãs Fox.
— Obrigado meninas, vocês são muito bondosas, e o seu carinho tem me ajudado a sair do lugar onde estava. Agora que estou livre, eu devo ir embora. – finalizou Charles.

— Você vai para onde, amigo Espírito? – perguntou a menina Kate.
— A um lugar muito luminoso, e já estão me chamando outros Espíritos com muita luz! – respondeu o Espírito Charles.

Tchau meninas, muito prazer em conhecê-las, vou ficar com saudades! – falou o Espírito Charles e, enquanto se despedia, desprendeu uma lágrima de gratidão.

Os barulhos na casa pararam, mas a família Fox, por conta dos "fenômenos", ficou muito conhecida nos Estados Unidos.

Os jornais de todo o mundo publicaram manchetes sobre as famosas meninas Fox, e seu dom de comunicar-se com os Espíritos para ajudá-los.

– Se conseguimos ajudar o Espírito Charles, poderemos ajudar outros Espíritos. – pensou em voz alta a pequena Kate.
– Sim! Vamos levá-los para a luz! – afirmou Margareth com entusiasmo.

As meninas então viajaram por várias cidades dos Estados Unidos, onde demostravam, em salões e auditórios com muita gente, que os chamados "fantasmas" não existem. O que existem são Espíritos que necessitam de carinho e amor.

Nova Iorque

As irmãs Kate e Margareth Fox, chegaram até a grande cidade de Nova Iorque, onde se apresentaram. Elas descobriram que tinham um grande tesouro chamado de mediunidade, que lhes permitiam ajudar muitos Espíritos.

E graças a essa ajuda, que as bondosas meninas fizeram, ao utilizar a sua mediunidade a serviço do bem, muitos Espíritos, como Charles, encontraram o seu caminho para a luz.

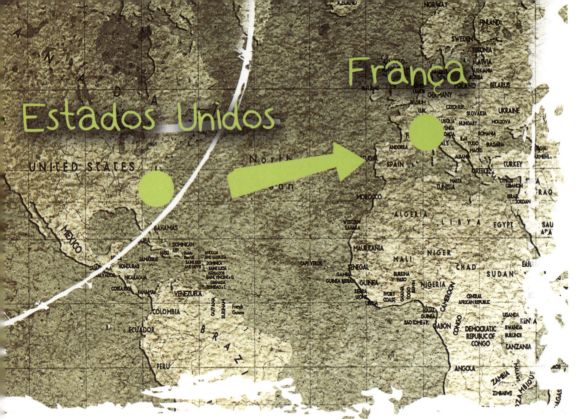

Essa notícia vai chegar até a Europa e chamará a atenção de muitos pesquisadores. E eis que ali, na França, no outro lado do mundo, essa história vai servir de início para o trabalho de um professor.

Esse professor francês será conhecido como Allan Kardec. E assim, começará os seus estudos sobre a mediunidade: a comunicação com os Espíritos.

Atividades

O seguinte teste é uma forma lúdica e divertida para as crianças testar sua "mediunidade".
Lembramos aos pais que não tem qualquer valor real. É apenas um teste-jogo de atividades "paranormais". As respostas se encontram na pagina final.

 O Espírito Charles gostava de esconder-se na casa. Use seus "poderes" e tente descobrir em qual parte ele se encontra.
a)   b)   c)   d)   e)

 Além do gatinho, qual é o bichinho que a menina Kate Fox, mais gosta? Tente acertar.
a)   b)   c)   d)   e)

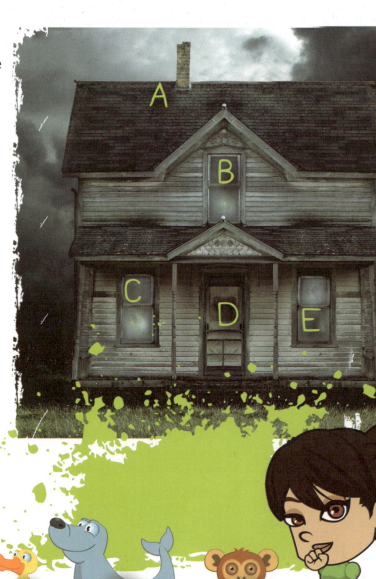

A menina Margareth Fox aprendeu que não se deve ter medo de fantasmas, porque na verdade são espíritos e podem ser nossos amigos.
Qual desses Espíritos você acha que irá a um lugar mais luminoso?
a)   b)   c)   d)   e)

4 A senhora Fox encontrou uma joia, que o Espírito Charles vendeu aos antigos donos. Tente acertar em qual parte do quarto ela achou?
a)   b)   c)   d)   e)

O Espírito Charles se comunicava com um golpe para dizer SIM e dois golpes NÃO. Tente acertar qual é a resposta correta. **Um golpe, dois golpes, dois golpes, um golpe, um golpe, dois golpes, um golpe.**

a) SIM, NÃO, NÃO, SIM, SIM, NÃO, NÃO.
b) SIM, SIM, NÃO, SIM, SIM, NÃO, NÃO.
c) SIM, NÃO, NÃO, SIM, SIM, NÃO, SIM.
d) SIM, NÃO, SIM, SIM, SIM, NÃO, SIM.
e) SIM, NÃO, NÃO, SIM, NÃO, NÃO, SIM.

Charles fez barulho em toda a casa. Adivinhe em qual parte do quarto, o senhor Fox descobriu que a Charles gostava de fazer mais barulho.
a)   b)   c)   d)   e)

 Na cidade de Hydesville existiam várias casas. Tente acertar em qual delas morou o vendedor de joias Charles, antes de morrer.
a)   b)   c)   d)   e)

 O Espírito Charles vai te enviar um pensamento. Tente descobrir qual é o que está querendo enviar agora.

a) Quero um amigo.
b) Estou triste.
c) Tenho saudade.
d) Sou muito feliz.
e) Meus olhos são lindos.

Respostas

1b, 2b, 3d, 4a, 5c, 6e, 7d, 8a.